XANTI

Die Lachwurzel

© hör + lies Verlag, Berlin
℗ Heron Verlag, Berlin
Alle Rechte vorbehalten
Gesamtherstellung: Clausen & Bosse, Leck
Printed in Germany

Die Lachwurzel

Eine Geschichte
von Monika Kronburger

Illustrationen:
Gerhard Hahn Produktion,
Berlin

Es ist früh am Morgen. In Bongos Höhle hat Xanti, der kleine Fuchs, den Frühstückstisch gedeckt, mit einem großen Glas Honig darauf, frischen Weizenkeimbrötchen, Waldhimbeermarmelade und einer großen Kanne Kakao. Doch wer nicht am Frühstückstisch erscheint, ist Bongo Bärentatze.

»He, hallo, Bongo! Warum kommst du nicht? Was machst du so lange in der Kammer?« ruft Xanti laut.

Hinter der Kammertür hört man Bongo ärgerlich murmeln: »Stör mich nicht, ich zähle meine Honigtöpfe!«

»Muß das denn jetzt sein? Der Kakao wird kalt. Verschenke lieber ein paar Töpfe, dann brauchst du nicht so viele zu zählen«, murrt Xanti.

»Kannst du nicht mal still sein? Jetzt hast du mich rausgebracht, und ich kann mit dem Zählen wieder von vorn anfangen.« Bongo grummelt schlechtgelaunt, dann wendet er sich wieder seinen Honigtöpfen zu.

Xanti zuckt ratlos mit den Schultern und setzt sich an den Frühstückstisch. Da betritt Schaufel Spreizfuß, der Maulwurf, die Höhle. Schüchtern fragt er: »Störe ich?«

»I wo! Du störst überhaupt nicht«, beruhigt ihn Xanti. »Komm rein, es gibt Kakao. Du möchtest doch sicher eine Tasse?«

Schaufel windet sich ein bißchen: »Ich weiß nicht, vielleicht schimpft Bongo dann.« Beruhigend legt der kleine Fuchs dem Maulwurf die Pfote auf die Schulter. »Trink nur, Bongo ist der großzügigste Bär im ganzen Wunderwald«, sagt er ermunternd.

Inzwischen hat Bongo das Zählen beendet und kommt aus seiner Honigkammer. »Hm... äh... ach, Besuch! Schaufel, hast du an meine Schuhe gedacht?«

»Natürlich. Hier, ich hab' sie mitgebracht.« Schnell hält der Maulwurf dem Bären ein Paar Schuhe entgegen. »Es ist echte Kreuzbandverbundflechterei. Gefallen sie dir?« fragt er mit aufgeregter Stimme.

Bongo Bärentatze wirft einen Blick auf die Prachtschuhe. »Wo sind die zwei rechten Schuhe? Das hier sind zwei linke«, bemerkt er streng. Schaufel Spreizfuß erstarrt und stottert: »Ich... ich... habe sie genau nach deinen Füßen gemacht.«

»Das kann nicht sein. Ich habe nicht zwei linke Füße!« empört sich Bongo und verläßt schimpfend, mit großen Schritten, seine Höhle.

Mit traurigem Gesicht und einer dicken Träne im Auge sieht Schaufel ihm nach: »Meine Brille ist weg, nur deshalb konnte mir das mit den zwei linken Schuhen passieren.« Xanti will den Freund trösten: »Such erst mal deine Brille, und dann machst du für Bongo noch zwei rechte Schuhe. Sei nicht mehr traurig, lach doch mal!«

Aber der Maulwurf läßt den Kopf hängen. »Ich glaub', ich bin ein trauriger Typ. Und lachen kann ich nicht, ich hab' ganz vergessen, wie man das macht.« Schaufel schluchzt ganz kläglich und schnäuzt sich die Nase. »Leb wohl, Xanti, ich geh' jetzt meine Brille suchen.« Damit verläßt auch der Maulwurf die Bärenhöhle.

Robur, der uralte Eichenbaum, macht sich so seine Gedanken über das, was im Wunderwald alles passiert. Vieles ist geschehen in den 999 Jahren, denn so lange lebt er schon auf der großen Lichtung mitten im Wunderwald. Robur kennt nicht nur alle Tiere, er kennt auch die seltsamsten Pflanzen und Zauberbüsche, und er sieht und weiß alles. Am liebsten hat er es, wenn sich die Wunderwaldtiere im Schatten seiner riesigen Äste und Zweige versammeln und miteinander fröhlich sind.

»Ja, wie schön ist Fröhlichsein und Lachen«, überlegt die alte Eiche. »Was ist der Grund, daß Schaufel Spreizfuß nicht mehr lachen kann? Warum ist er oft so traurig? Fühlt er sich vielleicht einsam? Nun, dann ist eines sehr wichtig: Schaufel muß merken, daß ihn die anderen Wunderwaldtiere mögen. Er muß ab und zu umarmt und gelobt werden. Dann wird er bestimmt nicht mehr so traurig in die Welt gucken, und das Lachen wird von ganz allein wiederkommen.«

Robur ist sich sicher, er wäre nie so alt geworden, wäre er nicht fest davon überzeugt, daß ihn alle Wunderwaldbewohner gern haben.

Inzwischen ist Schaufel Spreizfuß zu Hause angekommen und macht sich sofort auf die Suche nach seiner Brille. Er läuft kreuz und quer durch seine Maulwurfsgänge und brummelt vor sich hin: »Wo ist nur diese dumme Brille? Wo bloß? Sie kann sich doch nicht in Luft aufgelöst haben.«

Doch soviel er auch sucht und schimpft, die vermaledeite Brille ist nirgendwo zu finden.

Aber Schaufel gibt nicht auf; er gräbt sich weiter und immer weiter durch einen engen Gang, und plötzlich erscheint ihm alles fremd.

»Huch«, murmelt er, »wo bin ich jetzt gelandet? Hier war ich schon lange nicht mehr.« Er beschließt, den Gang zu verlassen und sich nach oben durchzugraben, egal, wo er auch rauskäme.

Gedacht, getan. Nach ein paar kräftigen Schaufelbewegungen ist es geschafft, und ein wunderschöner, neuer Maulwurfshügel ist aufgetürmt. Neugierig steckt Schaufel Spreizfuß seinen Kopf aus dem frischen Erdhügel. Erstaunt schaut er nach allen Seiten. Was er sieht, kommt ihm sehr merkwürdig vor: Vor ihm ist kein Feld, kein Wald und auch keine Wiese.

»Herzlich willkommen in meiner Höhle«, tönt ihm da eine vertraute Stimme entgegen.

Unglücklich und zerknirscht begreift Schaufel, wo er gelandet ist. »Ach, Picus, es tut mir so leid, daß ich dir einen Hügel mitten in deine schöne Höhle geschaufelt habe. Aber du ahnst sicher, was los ist: Meine Brille ist wieder weg.«

Picus Stachel, der Igel, beruhigt ihn: »Laß mal, der Sandhügel stört mich nicht, aber ich muß mit dir reden.«

Der Maulwurf wird ganz klein vor Schreck: »Haben dir die letzten Schuhe, die ich gemacht habe, nicht gefallen?«

Picus schüttelt den Kopf: »Es geht nicht um Schuhe, Schaufel, es geht um eine Frage, die wir uns alle hier im Wunderwald stellen: Wann hast du das letzte Mal gelacht?«

Schaufel sieht den Igel verständnislos an. »Wann ich das letzte Mal gelacht habe? Das war... ja, vor sieben Jahren auf Susi Nimmersatts Geburtstagsfeier. Warum fragst du so etwas Komisches?«

Picus Stachel schaut den Maulwurf energisch an: »Du mußt wieder lachen. Probier's mal. Los!« fordert er streng. Schaufel blickt nur stumm vor sich hin. »Los, versuch's mal«, drängt der Igel noch einmal.

Da holt der Maulwurf tief Luft, aber statt eines fröhlichen Lachens ertönt nur ein zaghaftes »Höhö, höhö«.

Damit ist Picus überhaupt nicht einverstanden. Er bricht in ein schallendes, lustiges Gelächter aus. Dann fragt er: »Na, wie fandest du das?«

Mit ernstem Gesicht antwortet Schaufel: »Sehr lustig war das. Wirklich, sehr lustig.«

»Siehst du«, sagt Picus, »so mußt du lachen.«

Schaufel sieht seinen Freund hilflos an: »Aber worüber soll ich lachen?«

»Das ist doch egal«, ist die Antwort, »über irgend etwas.« Dann schlägt Picus ihm vor, über seine Nase zu lachen, weil eine Igelnase doch sehr lustig aussähe.

Der Maulwurf nickt und versucht, wieder zu lachen. Aber so sehr er sich auch anstrengt, es ist erfolglos.

»Es geht nicht«, sagt er traurig, »ich habe das Lachen verlernt.«

»Wenn du das Lachen verlernt hast, dann mußt du es eben wieder lernen. Du mußt nur fleißig üben, jeden Tag.«

Der arme Schaufel seufzt, aber Picus läßt nicht locker: »Versprichst du's mir?«

Was bleibt dem Maulwurf anderes übrig: Er verspricht, fleißig zu üben. Am nächsten Donnerstag würde er dem Picus bestimmt etwas vorlachen.

Damit verschwindet Schaufel Spreizfuß wieder in seinem Gang und beginnt von neuem mit der Brillensuche.

Der alte Robur schüttelt nachdenklich seine Blätterkrone. Er hat große Bedenken, ob der kleine Maulwurf das Lachen in so kurzer Zeit wieder lernen würde, ganz allein, ohne Hilfe. Aber irgend etwas muß getan werden. Ja, vielleicht sollte Schaufel Lachunterricht nehmen bei jemandem, der selber gern lacht. Natürlich, das ist die Lösung! Sofort fallen Robur Susi und Glöckchen ein. Von diesen zwei Kichererbsen müßte jeder das Lachen lernen, sogar Schaufel Spreizfuß.

Da hat Robur gar nicht so unrecht. Susi Nimmersatt, die kleine Raupe, und Glöckchen, die zarte Elfe, kichern wirklich den ganzen Tag. Sie erzählen sich ständig Witze und lachen so sehr, daß sich die Grashalme biegen.

Auch jetzt gerade wieder. Atemlos vor Kichern gluckst Susi: »Soll ich dir den Witz von der Schnecke und dem Huhn erzählen?«

»Au ja«, quietscht Glöckchen, »über den lach' ich mich bestimmt schief.« Und zwischen Prusten und Lachen erzählt Susi: »Also, eine Schnecke geht spazieren und trifft ein Huhn auf Rollschuhen, und da sagt... da sagt...« Vor lauter Lachen kann Susi kaum weitererzählen. »Da sagt... hihi... die Schnecke: ›Komisch, ein Huhn auf Rollschuhen‹. Und das Huhn antwortet: ›Sonst fahre ich ja Motorrad, aber das ist kaputt‹.«

Während Susi und Glöckchen vor Lachen kaum Luft kriegen, erscheint Xanti: »Na, ihr albernen Hühner, erzählt ihr euch wieder Witze? Die solltet ihr mal dem armen Schaufel erzählen, vielleicht würde ihn das ein wenig fröhlicher machen.« Und nachdenklich fügt er hinzu: »Das geht doch nicht, daß einer von uns das Lachen verlernt hat.«

Nein, das geht wirklich nicht, da stimmen Glöckchen und Susi dem Xanti zu. Und so machen sich die drei auf den Weg zu Schaufels Höhle.

Sie finden einen frisch aufgeworfenen Maulwurfshügel vor; ihr Freund muß also zu Hause sein.

Bevor sie nach ihm rufen können, kommt Ula, die kluge Eule, angeflogen. »Hallo«, ruft sie, »ihr wollt Schaufel besuchen?«

Die drei nicken und erzählen der Eule, daß sie sich etwas ausgedacht haben, um Schaufel Spreizfuß wieder das Lachen beizubringen. »Wir erzählen ihm einfach Witze«, erklärt Susi.

»Ja, den mit dem Huhn auf Rollschuhen und der Schnecke«, fügt Glöckchen hinzu.

Ula ist skeptisch: »Hühner auf Rollschuhen gibt es nicht. Ich möchte wissen, warum ein Maulwurf über solchen Unsinn lachen sollte.«

»Aber irgendwie müssen wir es doch schaffen, daß Schaufel wieder fröhlich wird«, bemerkt Susi ratlos.

Alle nicken ernst, dann tritt Stille ein, die Freunde denken angestrengt nach.

Plötzlich springt Xanti in die Luft und ruft fröhlich: »Ich hab' eine Idee! Ula, du bist doch sehr klug. Gibt es nicht Lachtropfen oder Lachkräuter oder etwas Ähnliches?«

Die Eule schüttelt den Kopf. Doch plötzlich erinnert sie sich: »Moment, sicher, ich habe mal etwas gehört, nachts, von den Trollen.«

Und dann erzählt sie von einer Wurzel, einer Lachwurzel: »Auch wenn man nur ganz wenig an ihr knabbert, muß man lachen. Man kann nichts dagegen tun.«

»Und wie, ich meine, wo findet man diese Lachwurzel?« fragt Glöckchen aufgeregt.

»Wir müssen einen unbekannten Strauch mit gelben Blüten suchen. Seine Wurzel ist die Lachwurzel.«

»Dann nichts wie los«, ruft Susi eifrig.

»Moment, Moment«, dämpft Ula Susis Begeisterung. »Es gibt da eine Schwierigkeit: Die Lachwurzel wirkt nur bei dem, der sie selber findet.«

»Kein Problem«, sagt Xanti siegessicher und flüstert Ula etwas zu.

Susi und Glöckchen schauen sich an. »Warum flüstert Xanti?« überlegt Glöckchen und ist etwas ärgerlich.

Auch Susi findet das Flüstern nicht nett. Ja, selbst Robur macht sich so seine Gedanken. »Schade«, denkt er, »was Xanti der Ula zugeflüstert hat, konnte ich leider nicht verstehen. Aber sicher hatte der kleine Fuchs wieder einen guten Einfall. Bestimmt hat er geflüstert, damit Schaufel da unten in seiner Werkstatt nichts von seinem Plan hört.«

Und damit hat der alte Robur recht. Nur deshalb haben auch Glöckchen und Susi noch keine Ahnung, was Xanti und die weise Eule jetzt vorhaben.

Zu schade, wo doch die Freundinnen Geheimnisse so lieben. Seufzend verschwinden die beiden in Susis Blätterhäuschen.

Schaufel Spreizfuß ist noch immer damit beschäftigt, in seinen Maulwurfsgängen nach der verlorengegangenen Brille zu suchen. »Wenn ich bloß wüßte, wohin ich mich gerade buddele«, murmelt er vor sich hin. »Egal, ich brauche erst mal wieder Luft.« Und schon hat er sich mit ein paar kräftigen Schüben nach oben gebuddelt und einen neuen Erdhügel aufgeworfen.

Als er seinen Kopf durch den feuchten Sand schiebt, hört er zwei schrille Schreckensschreie. Und was muß er feststellen? Er ist mitten im Blätterhäuschen von Susi Nimmersatt gelandet. Oje, wie ist ihm das peinlich!

Aber Susi beruhigt ihn. »Dummes Zeug«, sagt sie nett, »das braucht dir doch nicht peinlich zu sein. Möchtest du ein Stück Hagebuttenblütengeleetorte?«

Doch Schaufel lehnt ab: »Nein, nein, danke. Es ist mir ja alles so unangenehm!«

Und er jammert weiter, daß er Sand in Susis Küche geschaufelt habe, nur ein kurzsichtiger, schmuddeliger Maulwurf sei, der ständig seine Brille suche und der nicht mal lachen könne, nicht über sich und nicht über andere.

Dann fängt er an, erbärmlich zu schluchzen.

»Aber Schaufelchen«, säuselt Glöckchen ganz sanft, »du bist doch unser allerliebster, einziger Schuster hier im Wunderwald.«

»Auch den Sandhaufen in meiner Küche finde ich wirklich entzückend«, fügt Susi hinzu, »und was das Lachen betrifft, da haben sich Xanti und Ula schon etwas für dich ausgedacht. Glöckchen und ich, wir könnten dir inzwischen ein paar lustige Witze erzählen.«

Doch Schaufel klagt weiter: »Witze? Auch über Witze kann ich nicht lachen. Nein, nein, es ist schrecklich. Jeder gibt sich so viel Mühe, und ich bin ein solcher Versager.«

Nun wird Susi energisch: »Unsinn. Hier, probier mal etwas von meiner tollen Tomatenorangeade. Die schmeckt köstlich. Und was das Lachen angeht, hat Xanti sicher einen guten Einfall. Wart es nur ab.«

Während der Maulwurf gehorsam von Susis Tomatenorangeade und auch von ihrer köstlichen Hagebuttenblütengeleetorte probiert, ehe er sich wieder auf die Brillensuche macht, sind Xanti und Ula längst unterwegs, um den Strauch mit den gelben Blüten und der Lachwurzel zu finden.

Wo mag er sein, dieser Strauch? Wo soll man suchen? Es ist nicht einfach, denn Sträucher mit gelben Blüten gibt es viele. Die Schwierigkeit aber ist ja, den einen Busch zu finden, den niemand kennt.

Der Fuchs und die Eule durchstreifen schon eine ganze Weile den Wunderwald. Auf ihrem Wege sehen sie viele kleine und große Büsche, mit kleinen und großen gelben Blüten, aber alle Sträucher sind ihnen bekannt. Manche dieser Sträucher haben Zweige mit spitzen Dornen, an die gehen sie lieber nicht so dicht heran. Sie sehen auch Büsche mit roten und weißen Blüten und köstlichen Beeren; von diesen Beeren naschen sie.

Einmal fragt Xanti zaghaft: »Ula, bist du ganz sicher, daß wir nicht nach roten oder weißen Blüten suchen müssen?«

Ula schüttelt den Kopf.

Und damit auch ja kein Irrtum entsteht, erklärt sie noch einmal: »Es müssen gelbe Blüten sein, und zwar solche, die wir noch nie bisher gesehen haben.«

Plötzlich bleibt Xanti stehen und deutet auf einen Busch. »Meinst du solche wie die hier?« Er zieht einen Zweig zu sich heran, um die gelben Blüten genauer anschauen zu können.

»Ach wo«, winkt die Eule ab, »das ist doch...« Dann stutzt sie und schaut sich die Blüten sehr sorgfältig an. »Xanti«, ruft sie aufgeregt, »diesen Strauch kenne ich nicht. Vielleicht haben wir endlich die Lachwurzel gefunden.«

Schnell gräbt der kleine Fuchs ein Stück Wurzel aus und beißt vorsichtig ein kleines Stück ab. Er kaut langsam darauf herum, dann verzieht er das Gesicht. »Die schmeckt aber gar nicht lustig«, murrt er.

»Ach, hab dich nicht so«, erwidert Ula, »sie soll nicht schmecken, sondern dich zum Lachen bringen.«

Doch genau das tut die Wurzel nicht. Xanti beginnt zu schniefen, als hätte er sich erkältet. Dann dringt ein jämmerliches Schluchzen aus seinem Hals, und plötzlich ist der kleine Fuchs total in Tränen aufgelöst.

Erschrocken fragt die Eule: »Du weinst, wo wir endlich die Lachwurzel gefunden haben? Das kann doch nicht wahr sein!«

Aber Xanti kann sich gar nicht beruhigen. Er weint und schluchzt erbärmlich. »Ich muß weinen, Ula, ich kann nicht anders. Alles ist so fürchterlich, so entsetzlich traurig.« Er schnäuzt sich die Nase.

Der arme Xanti, sein Weinen ist zum Herzerweichen. Ula steht vor dem kleinen Fuchs und murmelt: »Das hat gerade noch gefehlt. Er knabbert an der Lachwurzel und heult sich halb tot.« Die weise Eule ist ratlos, und Xanti weint und weint und hört gar nicht mehr auf.

Allmählich wird Ula böse. »Hör endlich auf«, befiehlt sie energisch, »da hinten kommt Bongo. Was soll der denken?«

Aber Xantis Weinen wird nur noch stärker.

»Bongo kann mir auch nicht helfen, niemand kann mir helfen. Ich bin ja so un... un... unglücklich!« Als Bongo seinen kleinen Freund in Tränen aufgelöst sieht, erschrickt er.

»Xanti, Xantilein, was ist los mit dir? Hat dir jemand etwas getan? Zeig mir den Kerl!«

Der Fuchs schüttelt den Kopf: »Niemand hat mir etwas getan, Bongo, niemand. Ich bin einfach nur traurig, traurig für immer und ewig.«

Der große Bär versteht das alles nicht: »Immer und ewig? Ula, kannst du mir sagen, was passiert ist?«

Und dann erfährt Bongo, daß sein Freund von der Lachwurzel geknabbert habe und daß die Lachwurzel gar keine Lachwurzel, sondern eher eine Weinwurzel sei, obwohl sie von einem unbekannten Busch mit gelben Blüten stamme.

»Aha«, sagt Bongo und dann noch einmal, »aha.« Und plötzlich wird er wütend, weil er immer noch nichts versteht. »Sagt mal, wollt ihr mich auf den Arm nehmen?« brüllt er ungeduldig.

Auch Ulas Geduld ist am Ende. »Bongo, schrei nicht rum, und Xanti, hör endlich auf zu weinen! Du hast doch nur ein klitzekleines Stück von der Lach… äh, Weinwurzel abgeknabbert. Nun muß auch mal Schluß sein.«

Ulas energische Worte scheinen zu wirken, Xantis Tränen werden langsam weniger. Noch ein paar letzte Schluchzer, dann weint er nicht mehr. Er putzt sich die Nase und lächelt sogar.

Da legt der große Bär vorsichtig seinen Arm um den kleinen Fuchs und fragt: »Geht es dir wieder besser, mein armer Xanti?«

Der kleine Fuchs nickt, dann verkündet er mit ernstem Gesicht: »Also, von dieser Wurzel darf Schaufel niemals kosten. Die würde bei ihm alles noch viel, viel schlimmer machen.«

Damit hat Xanti natürlich recht. Nicht auszudenken, wenn der Maulwurf aus Versehen an der Weinwurzel knabbern würde! Wo er doch schon das Lachen verlernt hat, er würde dann ganz sicher in Tränen zerfließen.

Und weil Xanti nun wieder ein fröhlicher Fuchs ist, mahnt Ula weiterzusuchen. »Wir müssen endlich die richtige Lachwurzel finden«, sagt sie.

Nachdenklich betrachtet Ula noch einmal die gelben Blüten am Strauch.

Da fällt der Eule etwas auf: »Xanti, Bongo, kommt noch mal zu mir. Irgend etwas ist hier merkwürdig. Schaut euch doch mal die Blüten ganz genau an.«

»Hm, hm, hm«, brummt der Bär.

»Tß, tß, tß«, überlegt Xanti, »die sehen richtig traurig aus, so, als wollten sie weinen.«

»Richtig«, ruft Ula, »und nun kommt mal hierher.«

Sie ist inzwischen weitergeflogen und hat ganz in der Nähe einen zweiten unbekannten Busch mit gelben Blüten gefunden.

Ja, und der ist's, den sie gesucht haben!

Lachende Blütengesichter strahlen den Freunden entgegen.

»Oh! Wie schön!« ruft Xanti fröhlich.

»Na so was«, brummelt Bongo.

»So, so, dann ist der andere Strauch also eine Falle«, stellt Ula fest. »Eine Trollfalle! Die Trolle, diese kleinen, frechen Kobolde, sie wollten uns wohl zeigen, daß es vom Weinen zum Lachen nur ein kleiner Schritt ist.«

Bongo guckt die Eule verständnislos an. Da erklärt ihm Ula: »Sieh mal, Bongo, wenn dein Honigtopf weg ist, bist du traurig. Du suchst und suchst, und plötzlich hast du ihn gefunden. Dann freust du dich doch.«

Klar! Das ist richtig, das versteht Bongo. Schon bei dem Gedanken, sein Honigtopf könnte verschwunden sein, hat er eine dicke Träne im Auge. Und bei der Vorstellung, er fände ihn wieder, beginnt er glücklich zu schmunzeln.

Während Bongo über verschwundene und wiedergefundene Honigtöpfe nachdenkt, ist Xanti nicht faul. Er buddelt unter dem zweiten Busch, und endlich hält er ein Stück Wurzel in seiner Pfote. Er schaut sie ein wenig mißtrauisch an, dann gibt er sich einen Ruck und beißt vorsichtig ein Stückchen ab. Er kaut und kaut, und während er immer schneller kaut, wird sein Gesicht immer fröhlicher. »Hi, hi, schmeckt die aber lustig«, kichert er. »Ich hab' so ein fröhliches Gefühl im Bauch. Alles ist so komisch.« Und er beginnt, laut zu lachen. Er lacht und lacht und hört gar nicht mehr auf zu lachen.

»Das ist die Lachwurzel, endlich haben wir sie gefunden«, sagt Ula und beginnt, ein wenig mitzulachen, so ansteckend ist Xantis Fröhlichkeit.

Jetzt kann sich der kleine Fuchs vor Lachen kaum noch halten. Er rollt sich auf dem Waldboden entlang, kugelt sich hin und her, schlägt mit den Fäusten ins Gras, kichert, gurgelt, gluckst und prustet.

Bongo versteht die Welt nicht mehr, aber Ula beruhigt ihn: »Mach dir keine Sorgen. Xanti erklärt dir alles, wenn er nicht mehr lacht.«

Der alte Robur, der Xanti natürlich auch lachen sieht, würde am liebsten ebenfalls von der Lachwurzel probieren. »Sie scheint ja wirklich eine Wunderwurzel zu sein«, überlegt er. »Aber wichtiger als alles andere ist jetzt, daß Schaufel Spreizfuß die Wurzel findet – selber findet und von ihr kostet. Nur, wie soll er die Wurzel finden, wenn er nicht einmal seine Brille findet?« Robur schüttelt nachdenklich sein Blätterhaupt, denn plötzlich ahnt er, was der schlaue Xanti der klugen Eule vorhin zugeflüstert hat. »Natürlich, nur so kann man den Maulwurf dazu bringen, daß er die geheimnisvolle Wurzel findet, ohne daß er sie richtig suchen muß.«

Ula, Xanti und Bongo sind inzwischen mit ihrer Lachwurzel auf die Lichtung zu den anderen Wunderwaldtieren zurückgekehrt.

Nachdem die Wirkung der Wurzel nachgelassen und der kleine Fuchs aufgehört hat zu lachen, erklärt er dem neugierigen Bongo, was es mit der Lachwurzel auf sich hat und warum Ula und er sie gesucht haben.

Nun ist Bongo beruhigt. Er findet die Idee, Schaufel zu helfen, großartig.

Aber noch ist erst der halbe Plan gelungen. Wie soll es weitergehen? Xanti, Bongo, Ula, Susi und Glöckchen stecken die Köpfe zusammen und beratschlagen.

»Es ist doch klar, wie der Maulwurf die Wurzel finden kann«, sagt Xanti. »Dazu brauchen wir aber einen Trick, denn sonst findet Schaufel die Wurzel nie. Wir müssen...«

Da unterbricht Bongo den kleinen Fuchs und schlägt vor, die Wurzel mit Honig einzuschmieren. So eine Honigwurzel würde der Maulwurf auf Meilen wittern. Aber Susi hat eine andere Idee:

»Ich lade Schaufel zum Frühstück ein. Und dann entdeckt er in der Erdbeermarmelade die Lachwurzel.«

Jetzt unterbricht Glöckchen: »Ja, ja, und dann leckt er die Marmelade ab und läßt die Wurzel liegen.«

»Wenn wir seine Brille hätten«, erklärt Xanti, »wäre alles viel einfacher. Aber die ist ja weg.«

Als Glöckchen das hört, ruft sie aufgeregt:

»Die Brille? Sie ist nicht weg. Ich habe Schaufels Brille gesehen. Sie liegt auf dem Maulwurfshügel bei der Tanne.«

Na, das ist eine gute Nachricht, nun ist alles klar. Xanti erklärt, was er vorhat. Dort, in dem Hügel, wird er die Wurzel vergraben und dicht daneben die Brille.

»Wenn Schaufel die Brille sucht und sie dann findet, muß er die Lachwurzel zur Seite räumen, ist doch klar, oder? Und damit hat er schon von ihr gekostet«, erklärt der kleine Fuchs pfiffig.

Ein wahrer Begeisterungssturm bricht aus. Alle schauen Xanti bewundernd an, aber dann geht's an die Arbeit.

Während Ula und Xanti die Lachwurzel und die Brille vergraben, suchen die anderen nach Schaufel Spreizfuß.

Bald haben sie ihn entdeckt, und Glöckchen befiehlt ihm energisch: »Komm mit, mein Lieber, wir wissen, wo deine Brille ist. Dort hinten, bei der Tanne, im Erdhügel. Komm schon, denn ausgraben mußt du sie selber.«

Die Freunde laufen zur Tanne, und Schaufel folgt ihnen unter der Erde.

»Bist du schon da?« fragt Xanti am Maulwurfshügel. Dumpf tönt es unter der Erde: »Ja, ja, aber die Brille klemmt, davor liegt etwas, eine Wurzel.«

»Beiß dich doch durch, du mußt die Wurzel einfach wegputzen«, rät Xanti.

Alle schauen sich gespannt an, und endlich, nach ein paar langen Minuten, kommt Schaufel kauend mit der Brille auf der Nase und Sand im Fell ans Tageslicht.

»Mir ist so komisch im Bauch«, murmelt er, »es kribbelt wie tausend Ameisen. Ich... ich glaube, ich muß lachen.« Und erst zögernd und leise, dann immer lauter und glucksend, beginnt Schaufel zu lachen. Er lacht in allen Tonlagen: »Höhö, hähä, hihi.«

Vor lauter Freude und auch, weil es so komisch klingt, stimmen alle in das Lachen mit ein.

Es ist also geschafft: Schaufel Spreizfuß kann wieder lachen.

Zur Feier des Tages kocht Susi für alle Freunde ein Festessen: »Kichererbsen in Wurzelsoße«. Und zum Nachtisch gibt's »Susis fröhlichen Vanillehügel.«

»Vanillehügel«, darüber muß Schaufel wieder lachen, »ein lustiger Name.« Er lacht und lacht und hört gar nicht auf zu lachen. Die anderen schauen ihn erstaunt an. Hat er schon wieder an der Lachwurzel geknabbert?

Aber dann erklärt Schaufel: »Ich freue mich so. Ich glaube, ich brauche nie wieder eine Lachwurzel. Ich weiß ja, daß ich auch ohne Wurzel lachen kann. Und vor allen Dingen weiß ich, daß ihr mich gern habt. Warum sonst habt ihr euch so viel Mühe gegeben, um mir zu helfen?« Er lächelt verlegen und glücklich.

Susi Nimmersatt räuspert sich und strahlt ihn an:

»Du bist wirklich entzückend, wenn du lachst, Schaufel... du bist unser liebster Maulwurf.«

Alle Wunderwaldtiere nicken. Sie finden, Susi hat recht.